ALGER — 25-26 Janvier 1924

CONGRÈS DES BATONNIERS

D'ALGÉRIE ET DE TUNISIE

COMPTE RENDU DES TRAVAUX

ALGER
ANCIENNE MAISON BASTIDE-JOURDAN
JULES CARBONEL
IMPRIMEUR-LIBRAIRE-ÉDITEUR

1924

ALGER — 25-26 Janvier 1924

CONGRÈS DES BATONNIERS

D'ALGÉRIE ET DE TUNISIE

ALGER — 25-26 Janvier 1924

CONGRÈS DES BATONNIERS

D'ALGÉRIE ET DE TUNISIE

COMPTE RENDU DES TRAVAUX

ALGER
ANCIENNE MAISON BASTIDE-JOURDAN
JULES CARBONEL
IMPRIMEUR-LIBRAIRE-ÉDITEUR
1924

CONGRÈS des BATONNIERS D'ALGÉRIE et de TUNISIE

SÉANCE DU 25 JANVIER 1924

Ouverture du Congrès — Constitution du Bureau — Ouverture des Travaux

Conformément au précédent créé en 1913, sous la présidence de Me GOUTTEBARON, alors Bâtonnier de l'Ordre des Avocats à la Cour d'Appel d'Alger, un Congrès, réunissant les chefs des Barreaux d'Algérie et de Tunisie, s'est tenu à Alger, les 25 et 26 janvier dernier, sur l'initiative de M. le Bâtonnier R. REY et du Conseil de l'Ordre des Avocats à la Cour d'Appel d'Alger.

Avaient adhéré : tous les Bâtonniers d'Algérie et de Tunisie, savoir : ceux des Barreaux de Batna, Blida, Bône, Bougie, Constantine, Guelma, Mascara, Mostaganem, Oran, Orléansville, Philippeville, Sétif, Sidi-bel-Abbès, Sousse, Tiaret, Tizi-Ouzou, Tlemcen, Tunis.

Etaient présents :

M. le Bâtonnier R. REY et les membres du Conseil de l'Ordre des Avocats à la Cour d'Appel d'Alger : MM. TILLOY, ancien Bâtonnier ; L'ADMIRAL, ancien Bâtonnier ; OTTEN, ancien Bâtonnier ; FOISSIN, ancien Bâtonnier ; MEUNIER, PINARD, LEVY, SQUILLANTE, LAQUIÈRE, BERTIN, OPITZ, GORSKI, GIVRY, BERLANDIER ;

MM. les anciens Bâtonniers d'Alger, Paul BLASSELLE,

Broussais, Gouttebaron, Divielle, Escriva, Basset, Soubirane ;

Mes Boluix-Basset, Bâtonnier d'Oran ; Tandonnet, Bâtonnier de Mostaganem ; Me Foissin, représentant M' Huertas, Bâtonnier de Tlemcen ; Pellegonon, représentant le Barreau de Sidi-bel-Abbès; Messance, Bâtonnier de Blida ; Bourguignon, Bâtonnier d'Orléansville; Pfender, Bâtonnier de Bougie; Pasquini, Bâtonnier de Sétif ; de Peretti, faisant fonctions de Bâtonnier de Guelma, en remplacement de Me Morato, empêché ; Groslière, Bâtonnier de Bône.

S'étaient fait excuser, au dernier moment, pour cause de maladie :

MM. les Bâtonniers Stella-Bourdillon, de Tunis ; Lederman, de Philippeville ; Collin, de Tizi-Ouzou.

***

Au moment où s'ouvraient les travaux de la Conférence, le vendredi matin 25 janvier, une triste nouvelle est parvenue au Congrès, celle de la mort, survenue dans le train qui l'amenait à Alger, de M' Toretta, Bâtonnier de Constantine. Aussitôt, M. le Bâtonnier R. Rey a prononcé en termes émus l'éloge du défunt, a annoncé qu'il allait se rendre auprès de la veuve de Me Toretta pour lui apporter les condoléances de l'Assemblée toute entière, et a levé la séance en signe de deuil.

***

La séance a été reprise le vendredi 25, à 3 heures de l'après-midi.

M. le Bâtonnier R. Rey présidait, entouré des deux secrétaires de la Conférence: Mes Berlandier et Givry, membres du Conseil de l'Ordre d'Alger, et il a tenu à saluer, tout d'abord, dans les termes suivants tous ses confrères :

Messieurs les Bâtonniers,

Mes chers Confrères,

Au nom de l'Ordre des Avocats à la Cour d'Appel d'Alger, laissez-moi tout d'abord exprimer nos souhaits de bienvenue aux chefs éminents, et aux représentants autorisés des divers Barreaux d'Algérie et de Tunisie.

En vous conviant à cette manifestation de solidarité et de coopération professionnelles, nous pensions répondre à un vœu unanime. Nous ne nous étions point trompés, puisque vous êtes venus de toutes parts, et avec un empressement chaleureux, prendre part à nos travaux.

L'idée d'assembler nos groupements en un effort concerté, de les associer à l'étude des problèmes qui préoccupent nos confrères, et d'en rechercher avec eux la solution, n'est pas née d'hier. En 1913, déjà, un Congrès de même nature s'était tenu ici, sous la présidence d'un de mes prédecesseurs, M. le Bâtonnier GOUTTEBARON. Le souvenir en est resté vivace à ce point que, sans le bouleversement causé par la guerre, ce précédent eût été déjà réédité.

Il m'est apparu, comme à tout mon Conseil de l'Ordre, que le moment était venu de reprendre une tradition si heureuse et si féconde. Tant de soucis nous assiègent à cette époque de crise nationale et mondiale ! N'est-il pas vrai que nulle branche de l'activité humaine n'échappe à l'ébranlement causé par cette conflagration dont l'univers est encore tout bouleversé ? Notre profession en a souffert peut-être moins que beaucoup d'autres, et c'est la preuve de sa robuste et saine vitalité. On a même vu, après le rétablissement de la paix, consacrer par une disposition légale, qui est désormais notre charte, les règles et les usages librement établis par la sagesse de nos anciens.

A cette reconnaissance officielle de notre force et de notre utilité, comme de nos prérogatives séculaires, a correspondu une augmentation sensible de notre recrutement. Contrairement à ce que laissaient présager les difficultés accrues de la vie quotidienne, le renchérissement de toutes choses, et, partant, le développement chez les hommes de l'appétit du lucre, notre métier, où les satisfactions d'ordre intellectuel et moral constituent notre récompense mieux que les bénéfices pécuniaires, notre métier, dis-je, attirait la jeunesse et nos rangs ne furent jamais si bien garnis.

Et, cependant, l'accroissement des affaires ne répond pas à cette augmentation de nos effectifs. Bien au contraire, depuis quelque temps, devant les juridictions civile et commerciale les rôles diminuent progressivement. Si cette anémie judiciaire n'est pas promptement conjurée, nos Barreaux seraient menacés de dépérissement. N'avons-nous pas, dès lors, le devoir, nous qui présidons aux destinées de notre corporation, de nous préoccuper, pour l'avenir de nos jeunes recrues, d'un danger qui apparaît aux yeux les moins prévenus ? Quelle est la cause de ce malaise ? Comporte-t-il un remède ? Voilà ce qu'il importe de rechercher en commun.

Certes, si l'abstention des plaideurs pouvait être attribuée à la réduction de leur ardeur processive, à une accalmie des passions, au développement d'un esprit de conciliation parmi les justiciables, notre conscience nous imposerait de nous en réjouir. Mais nous savons qu'il n'en est rien. On plaide moins parce que cela devient trop coûteux. C'est la majoration subite et exagérée des frais de justice qui barre l'entrée du prétoire.

Ici notre intérêt se confond avec celui du public.

Comment donc nous soustraire à la nécessité d'envisager le problème ? Et c'est la raison qui nous l'a fait inscrire, avec d'autres, à l'ordre du jour de la Conférence. Si nous répondons ainsi au désir de tous, est-ce dans l'espoir de sortir demain de cette enceinte avec une panacée pour tous nos maux ? Grande serait notre naïveté. Nous aurons suffisamment mérité de nos confrères si, après nous être communiqué nos vues, et nous être enrichis respectivement de notre expérience, nous avons jeté les bases d'une entente en vue de conjurer le péril, en chargeant les plus qualifiés d'entre nous de poursuivre l'étude des moyens d'action à mettre en œuvre, et toutes négociations utiles.

Combien notre réunion aura été opportune si elle contribue à mettre en mouvement ceux qui ont pour mission de réformer les textes imprudents ou mal conçus, de retoucher les tarifs dont, à l'usage, apparaît l'exagération manifeste ; si elle prouve quelle est la cohésion et l'unité de vue de nos Barreaux ; si elle démontre que nos intérêts sont solidaires de ceux des justiciables ! Peut-être même notre initiative amènera-t-elle tous ceux qui bénéficient de la réglementation actuelle des frais de justice à s'unir à nous pour en obtenir le sage remaniement.

Sur les autres sujets figurant à notre ordre du jour, sans parler de ceux que vous nous solliciterez d'y introduire, notre accord sera vite réalisé, dès lors que nous demeurerons pénétrés des traditions de discipline, de mesure, et de dévouement aux intérêts publics qui furent toujours l'honneur de notre profession.

En délibérant dans cet esprit, nous ferons œuvre féconde, et la tâche de celui qui présidera à nos travaux s'en trouvera facilitée ; il aura été à l'honneur sans avoir été à la peine.

Messieurs les Bâtonniers, mes chers Confrères, je déclare ouvert, pour l'année 1924, le Congrès des Bâtonniers d'Algérie et de Tunisie.

CONSTITUTION DU BUREAU

Après vérification des pouvoirs, les membres de l'Assemblée ont constitué ainsi leur bureau :

Président, M. le Bâtonnier R. REY, d'Alger ; Assesseurs : MM. les Bâtonniers BOLUIX-BASSET, d'Oran, et PASQUINI, de Sétif ; Secrétaires : Mes BERLANDIER et GIVRY, membres du Conseil de l'Ordre d'Alger.

OUVERTURE DES TRAVAUX

DISCUSSION

M. le Président R. REY fait donner lecture de l'ordre du jour proposé au Congrès, et qui comprend les questions suivantes :

I

De l'augmentation des frais de justice en l'état actuel des tarifs :

1°. — Ses conséquences : Les justiciables entravés dans l'exercice de leurs droits ;

2°. — Des modifications souhaitables à cet état de choses.

II

De l'utilité de la plaidoirie dans les causes civiles

Danger pour le justiciable de la pratique grandissante de passer les dossiers sans recourir au ministère de l'avocat.

III·

Des permis de communiquer

Conditions de leur délivrance.

IV

Des conditions limitatives de la commission d'office en matière d'information criminelle

V

Du monopole de la plaidoirie

Des conditions requises pour son obtention par les Barreaux auxquels il n'est pas encore reconnu.

VI

Questions diverses

Avant d'aborder la discussion de cet ordre du jour, M. le Président demande quelles sont les questions que l'Assemblée estime devoir y ajouter. Divers membres du Congrès émettent, à cet égard, les propositions suivantes :

M⁰ de Peretti annonce qu'il déposera un vœu tendant à la création d'une Fédération des Barreaux de l'Afrique du Nord. L'examen de ce vœu est renvoyé à la séance du samedi 26 janvier.

M⁰ˢ Boluix-Basset annonce qu'il déposera à la séance du lendemain, un vœu tendant à ce que les appelants des décisions rendues par les Tribunaux Répressifs soient transférés, avant le jugement, au siège de la juridiction d'appel.

M⁰ Pasquini propose au Congrès d'examiner le remède à apporter aux empiètements des Oukils Judiciaires qui viennent plaider devant les Tribunaux Répressifs et devant les Justices de Paix auxquels ils ne sont pas attachés. Après une discussion à laquelle prennent part : M^{os} GOUTTEBARON, BOURGUIGNON, GROSLIÈRE, le Congrès décide qu'une Commission composée de MM. les Bâtonniers L'ADMIRAL, BOLUIX-BASSET, BOURGUIGNON, PASQUINI et GROSLIÈRE, fera rapport, à la séance du lendemain samedi, sur l'obligation pour les oukils de limiter leur intervention aux seules juridictions devant lesquelles ils ont qualité pour se présenter.

Le Congrès décide ensuite de renvoyer à la séance du lendemain l'examen de la question numéro I de l'ordre du jour concernant l'augmentation des frais de justice. Il désigne pour faire rapport, une Commission composée de MM. les Bâtonniers ESCRIVA, BOLUIX-BASSET, FOISSIN et GROSLIÈRE et de Me LÉVY, membre du Conseil de l'Ordre d'Alger.

L'Assemblée aborde, alors, l'examen des autres questions qui sont à l'ordre du jour.

De l'utilité de la plaidoirie dans les causes civiles

Me PASQUINI expose que devant le Tribunal Civil de Sétif la pratique a été instituée, par les avoués, de passer la plupart des dossiers sans plaidoiries d'avocats. M. le Président du Tribunal a fait observer, à diverses reprises, que les affaires nécessitaient des plaidoiries, les conclusions étant insuffisantes pour éclairer la religion des juges. Il y aurait lieu d'examiner si une intervention de M. le Premier Président de la Cour ne suffirait pas à rappeler aux Tribunaux la nécessité du débat oral.

Me GROSLIÈRE signale que la pratique indiquée par Me PASQUINI est courante devant le Tribunal de Bône.

Me MESSANCE formule une observation identique en ce qui concerne le Tribunal Civil de Blida, dont le

Président s'efforce de réagir contre l'habitude prise par les avoués. Il ajoute que pour remplacer les plaidoiries, les avoués croient devoir mettre dans leurs dossiers des notes explicatives, qui présentent l'inconvénient de n'avoir pas subi le contrôle d'une discussion contradictoire.

Le Congrès, estimant que les faits signalés ne doivent pas se perpétuer, invite le Bureau à préparer, pour la séance du lendemain samedi, un projet de motion tendant à faire respecter la règle du débat oral.

Des permis de communiquer

Des conditions de leur délivrance

Mᵉ Grosliène expose que le Juge d'Instruction de Bône croit ne devoir délivrer les permis de communiquer que sur le vu d'une demande écrite de l'inculpé ou de sa famille. Malgré une circulaire de M. le Procureur Général estimant que le permis doit être délivré à l'avocat sur son affirmation qu'il a été constitué par l'intéressé ou ses parents. M. le Juge d'Instruction de Bône a maintenu sa manière de voir.

Mᵉ Pasquini signale qu'à Sétif l'avocat n'est pas admis à communiquer avec un détenu, sans une lettre de ce dernier le désignant comme son défenseur. En outre, au cas où un nouvel avocat viendrait à être désigné concurremment avec le premier, ce dernier se voit refuser tout permis. Cependant, à la suite d'une intervention de M. le Procureur Général, il a été admis que le prévenu et sa famille ont concurremment le droit de choisir un défenseur, le choix définitif demeurant au détenu. Il importe qu'en cas de contestation entre deux avocats, le conflit soit réglé par le Bâtonnier.

Mᵉ de Peretti estime que la simple déclaration par un avocat qu'il a été constitué doit suffire à lui faire accorder la délivrance d'un permis. A Guelma, l'auto-

risation de communiquer, dans ces conditions, n'est
délivrée à l'avocat qu'à titre provisoire. Cette pratique
ne saurait être maintenue.

. M. le Président R. Rey indique que l'avis du Conseil
de l'Ordre d'Alger, en la matière, a été sollicité par le
Parquet Général lequel s'est rangé au sentiment expri-
mé par le Barreau d'Alger.

Le Congrès décide qu'une motion sera préparée par
le Bureau et votée à la séance du lendemain samedi
pour obtenir la réglementation définitive de cette
question.

Des conditions limitatives de la Commission d'office
en matière criminelle

M. le Président R. Rey rappelle les difficultés qui se
sont élevées au sujet des commissions d'office. Il arrive
fréquemment que le Bâtonnier est saisi par les Juges
d'Instruction de demandes tendant à désigner des avocats pour assister les prévenus devant les Juges de
Paix, hors du ressort. Une pareille charge entraînant
des déplacements onéreux ne saurait être imposée aux
membres du Barreau.

Le Congrès décide que le Bureau présentera à la
séance du lendemain samedi, une motion tendant à
limiter les conditions dans lesquelles peuvent être don-
nées les commissions d'office.

Du monopole de la plaidoirie

M' Bourguignon expose que, bien que les membres
du Barreau d'Orléansville aient atteint cette année le
nombre de 7, le Tribunal Civil a cru devoir prendre
une délibération tendant à autoriser la plaidoirie des
avoués. La Cour d'Appel d'Alger a pris une décision
maintenant aux seuls avocats le monopole de la plaidoirie. Il exprime ses remerciements à M. le Bâton-

nier d'Alger qui, en l'occurence, est intervenu pour soutenir la thèse du Barreau d'Orléansville.

M. le Président rappelle les principes qui président à la reconnaissance du monopole de la plaidoirie pour les avocats. La question ne se pose que dans les ressorts où les membres du Barreau ne sont pas suffisants pour la constitution d'un Conseil de l'Ordre. Il appartient alors à la Cour d'apprécier souverainement si le monopole de la plaidoirie doit être ou non accordé.

Dans le cas du Barreau de Tizi-Ouzou, le monopole n'a pas été maintenu par la Cour, sans doute en raison de ce que plusieurs avocats inscrits au Tableau de l'Ordre, et notamment des stagiaires, ne résident pas au chef-lieu. Dans ce cas on peut prétendre avec raison que le service des audiences n'est pas suffisamment assuré. Il importe donc que les Bâtonniers tiennent la main à ce que le plus grand nombre des avocats inscrits, et notamment tous les stagiaires, résident effectivement au chef-lieu.

Le Congrès approuve les observations présentées, en estimant que le vote d'une motion spéciale n'est pas nécessaire, le principe en jeu n'étant pas contesté.

Délégation des Barreaux
au Bâtonnier de l'Ordre d'Alger

Me TANDONNET émet le vœu que le Congrès se survive à lui-même. Il pourrait être donné une délégation générale à M. le Bâtonnier d'Alger, et à son Conseil de l'Ordre, pour soutenir tous les intérêts corporatifs des divers Barreaux d'Algérie et de Tunisie, toutes les fois que le besoin s'en fera sentir. Il annonce qu'il déposera à la séance du lendemain samedi, une motion en ce sens.

L'Ordre du Jour étant épuisé, le Congrès s'ajourne à samedi 26 janvier à 3 heures de l'après-midi.

SÉANCE DU 26 JANVIER 1924

Le Congrès revient tout d'abord sur les questions discutées la veille et au sujet desquelles des motions ont dû-être préparées par le Bureau.

De l'utilité de la plaidoirie dans les causes civiles

La motion présentée par le Bureau donne lieu à une discussion à laquelle prennent part presque tous les membres de l'Assemblée.

Mᵉ Otten émet l'opinion que le ministère de l'avoué étant obligatoire alors que celui de l'avocat ne l'est pas, il est difficile de demander au Président d'un Tribunal Civil, dans une cause où l'avoué se présente seul à la barre, d'interpeller celui-ci pour savoir s'il est autorisé par son client à passer le dossier sans plaidoirie.

Mᵉ Messance insiste sur l'inconvénient de la passation des dossiers, sans plaidoiries, dans les cas où des explications verbales complétant les conclusions sont à ce point indispensables que les avoués n'hésitent pas à les remplacer par des notes non contradictoires qu'ils mettent dans les dossiers.

M. le Président R. Rey résume le sentiment général de l'Assemblée, qui est de réagir contre la pratique grandissante, de supprimer le rôle de l'avocat en matière civile. Il fait observer que le débat oral est tellement envisagé par le législateur, comme une nécessité, qu'il est organisé formellement et tout au long dans les articles 85 et suivants du Code de Procédure Civile. Il suffit donc d'invoquer la loi pour donner à tous les justiciables cette garantie que leurs intérêts ont été complètement exposés devant leurs juges. Les Tribunaux doivent se souvenir que le débat oral est la règle, et la seule procédure écrite, l'exception. Au surplus, il suffit aux avocats d'avoir siégé, comme complétant un Tribunal ou la Cour d'Appel, pour se rendre compte de l'importance capitale de leur rôle à la barre. Les magistrats éclairés reconnaissent que la plupart du temps c'est sur l'impression d'audience surtout que se forme la conviction des juges. La motion qui sera votée doit donc s'inspirer de ces principes.

MM. les Bâtonniers DIVIELLE, FOISSIN, OTTEN, SOUBI-RANNE, BOURGUIGNON et Mᵉ PELLEGONON, appuient les observations du Président, et proclament tous que les plaideurs tiennent surtout aux explications que l'avocat fournira à l'audience. Il importe donc que le Congrès base sa résolution sur les dispositions du Code de Procédure qui proclament la nécessité et organise les conditions du débat oral.

Comme conclusion de ces diverses observations, le Congrès vote à l'unanimité la motion ci-après :

« Considérant que la pratique se développe devant
« divers Tribunaux Civils de passer les dossiers sans
« recourir au ministère de l'Avocat ;
« Que cette pratique présente des inconvénients
« multiples ; que tout d'abord elle tend à supprimer le
« débat oral et sa publicité, organisés par le titre V,
« première partie, livre II du Code de Procédure Civile
« notamment en son article 87 ;
« Qu'en outre, dans nombre d'affaires, il est indis-
« pensable pour éclairer les juges, de compléter par
« des explications verbales, à l'audience, les arguments
« résumés dans les conclusions ;
« Que, par suite du défaut d'un débat public, il
« peut se produire que dans les dossiers passés aux
« Tribunaux se trouvent des notes ou explications

« écrites qui n'ont pas subi l'épreuve d'une discussion
« orale et contradictoire ;

« Que les parties peuvent assurément renoncer au
« bénéfice de l'article 87 susvisé, mais qu'il importe,
« dans ce cas, que leur volonté soit formellement
« exprimée ;

« En conséquence, le Congrès exprime le vœu que
« dans l'intérêt de la bonne administration de la jus-
« tice, les Présidents des Tribunaux prennent toutes
« dispositions pour s'assurer que les plaideurs ont
« renoncé à fournir des explications orales ;

« Le Congrès donne mandat à M. le Bâtonnier de
« l'Ordre des Avocats à la Cour d'Appel d'Alger, et
« à son Conseil de l'Ordre de faire toutes démarches
« utiles pour assurer le respect des principes rappelés
« ci-dessus, et obtenir que les textes susvisés soient
« appliqués dans leur lettre et dans leur esprit. »

Des permis de communiquer

La motion suivante, présentée par le Bureau, comme
résultant de la discussion de cette question à la séance
de la veille, est adoptée à l'unanimité :

« Considérant que des divergences de vues existent
« entre les parquets de première instance, en ce qui
« concerne les conditions de la délivrance des permis
« de communiquer aux avocats ;

« Que, si l'article 9 de la loi du 8 décembre 1897
« prévoit que la désignation de l'Avocat, en matière
« pénale, doit être faite par l'inculpé, ce principe doit
« s'entendre en ce sens que c'est le choix de l'inculpé
« qui prévaut en la matière, mais non qu'il est interdit
« à sa famille ou à ses proches de faire un choix dans
« son intérêt ;

« Qu'il est indéniable que le détenu n'est pas toujours
« en mesure de désigner utilement, et en connaissance

« de cause, un défenseur, ne pouvant s'en référer, à
« cet égard, qu'aux renseignements qui lui sont four-
« nis dans la prison même ;

« Qu'il importe donc que les permis de communi-
« quer ne soient jamais refusés à l'Avocat qui les
« demande comme délégué par les parents du détenu,
« étant entendu qu'en cas de dualité entre le choix de
« la famille et celui du détenu, c'est toujours le choix
« de ce dernier qui devra prévaloir, tout conflit de ce
« genre devant être réglé par les soins du Bâtonnier
« de l'Ordre ;

« Emet le vœu que la délivrance des permis de com-
« muniquer soit toujours accordée, conformément
« aux principes rappelés ci-dessus. »

Des conditions limitatives de la Commission d'office en matière criminelle

La motion préparée par le Bureau, conformément
aux vues exprimées par le Congrès, à la séance de la
veille, est adoptée à l'unanimité. Cette motion est ainsi
conçue :

« Considérant que certains Juges d'Instruction, et
« certains Juges de Paix intervenant directement,
« croient pouvoir demander la désignation d'office
« d'un avocat pour assister l'inculpé aux informations
« momentanément suivies devant les Justices de Paix ;

« Considérant que l'Avocat désigné d'office ne peut
« être astreint à des déplacements onéreux ;

« Considérant, au surplus, que les instructions cri-
« minelles doivent être poursuivies, en principe, par
« les Juges d'Instruction, c'est-à-dire au chef-lieu judi-
« ciaire de l'arrondissement où il existe un Barreau ;

« Que, dès lors, la désignation d'un Avocat devant
« les Juges de Paix ne saurait être réclamée, puisqu'il
« est toujours possible de procéder aux différents actes

« d'information au chef-lieu où siège un Tribunal
« civil et où se trouve un Barreau ;

« Le Congrès décide qu'il n'y a pas lieu de désigner
« des Avocats d'office dans le cas sus-indiqué. »

Du transfèrement des appelants en matière répressive

M⁰ Boluix-Basset soumet au Congrès la motion dont
il avait annoncé, la veille, le dépôt, et en expose les
motifs et le but.

En l'état actuel des textes, le transfèrement des appelants en matière répressive n'est pas obligatoire. En
fait, ce transfèrement n'a jamais lieu. Il en résulte que
le défenseur de l'appelant ne possède pas, le plus souvent, tous les renseignements nécessaires, et se trouve
privé des explications de son client. Il serait donc
opportun d'émettre le vœu que l'état de choses existant
soit modifié conformément aux droits de la défense.

Le Congrès adopte, à cet égard, à l'unanimité, la
motion suivante qui lui est présentée par M⁰ Boluix-
Basset :

« Considérant que. le plus souvent, il est indispen-
« sable que l'Avocat puisse conférer avec son client,
« appelant d'un jugement rendu par un Tribunal Ré-
« pressif, avant sa comparution devant le Tribunal
« d'appel ;

« Que cet appelant n'est généralement pas transféré,
« et que cet état de choses préjudicie aux intérêts de
« la défense ;

« Que s'il est possible au défenseur d'obtenir le trans-
« fèrement de l'appelant par une décision du Tribunal
« d'appel, au besoin par voie de conclusions déposées
« sur le bureau, il n'en est pas moins vrai que l'in-
« carcération du client peut, dans ce cas, se prolonger
« inutilement ; qu'il importe donc de pouvoir obtenir
« le transfèrement le plus tôt possible, alors qu'il est
« généralement indispensable ;

« Le Congrès émet le vœu que les appelants des
« Tribunaux Répressifs soient transférés, sur la seule
« demande présentée aux Parquets par leurs défen-
« seurs, chaque fois que les intérêts de la défense le
« nécessiteront. »

Des empiètements commis par les Oukils judiciaires

M* Basset donne connaissance au Congrès du Rapport suivant, préparé par la Commission qui a été
désignée à cet effet dans la séance de la veille :

*Rapport sur les empiètements commis par
les Oukils judiciaires*

C'est un arrêté gouvernemental du 3o novembre
1855 qui a créé les oukils judiciaires en Algérie.

Ces oukils ne peuvent plaider que devant les mahakmas des cadis et devant le medjelès, leur nombre est
limité à quatre par mahakma mais ils peuvent plaider
devant toutes les mahakmas et devant tous les medjelès.

Ils sont soumis à une réglementation ; leurs hono-
raires sont tarifés, et en cas de contestation, sont
taxés par le tribunal devant lequel ils ont occupé.

Ils ont un tableau.

Le décret du 3r décembre 1859, qui organise la
justice musulmane, leur consacre son article 15. « Les
« oukils peuvent seuls représenter les parties ne se
« défendant pas elles-mêmes, ou refusant de compa-
« raître sur sommation dûment justifiée. »

Les oukils sont nommés, révoqués, ou suspendus
par le ministre de l'Algérie qui en fixe le nombre.

A ce moment, les seules juridictions accessibles aux
oukils sont les mahakmas et les medjelès.

Le décret du r3 décembre 1866 ne change en rien

la situation des oukils ; ils ne peuvent se présenter pour représenter les parties ou défendre leurs intérêts que devant le cadi — mais les parties ont aussi le droit de charger un de leurs parents ou de leurs amis musulmans de les représenter, en leur donnant un pouvoir spécial (art. 15).

Le décret du 8 janvier 1870 sur l'organisation de la justice musulmane hors du Tell et de la Kabylie ne dit rien des oukils ; leur situation est donc inchangée.

Le décret du 10 septembre 1886 sur l'organisation de la justice musulmane en Algérie attribue au juge de paix la connaissance des affaires civiles, commerciales et immobilières entre musulmans. Les cadis ne sont plus compétents que pour les questions qui touchent au statut personnel ou à l'ordre successoral.

Mais l'art. 15 du décret ne permet pas aux oukils de plaider ailleurs qu'à la mahakma. Il spécifie même qu'ils sont « attachés à chaque mahakma, et *pourront* « être chargés par les parties de les représenter. Ils « sont nommés, suspendus ou révoqués par le Procu-« reur général. Les conditions dans lesquelles ils exer-« cent leur profession ainsi que les rétributions aux-« quelles ils ont droit, sont déterminées par arrêté du « garde des sceaux ».

Nous arrivons enfin au décret du 17 avril 1889, complété par celui du 25 mai 1892, qui organise définitivement la justice musulmane en Algérie.

Les cadis n'ont plus que la connaissance des questions de statut personnel ou d'ordre successoral.

Le juge de 1re instance pour les musulmans, c'est le juge de paix, et l'appel, tant des jugements des cadis que de ceux des juges de paix, est porté devant le tribunal d'arrondissement.

L'article 15 du décret de 1889 n'est que la reproduction de celui du décret de 1886 « les oukils sont atta-« chés à chaque mahakma ».

Mais l'article 29 du décret autorise les parties à se faire représenter devant le juge de paix (statuant au musulman) par un oukil, ou par un parent ou un notable.

Bien entendu, les avocats tenant de la loi le droit de plaider devant toutes les juridictions ont toujours eu le droit de se présenter et de plaider devant le juge de paix

Il a fallu cependant faire consacrer ce droit par une décision de justice, le 10 mai 1892, devant M. le juge de paix du canton Nord d'Alger. (Jugement rapporté *Revue Algérienne*, 1892, p. 311).

Une circulaire de M. le Procureur général en date du 26 octobre 1889, indique formellemeent que les agents d'affaires munis de procuration, n'ont pas accès aux mahakmas, ni devant le juge de paix statuant au musulman, et la circulaire précise que le mot oukil désigne l'auxiliaire indigène *attaché* à la mahakma, ou à la justice de paix. (Estoublon, *Code de l'Algérie*, page 862, en note.)

Le 20 février 1895 intervient un arrêté de M. le Gouverneur général Cambon qui réglemente à nouveau la profession d'oukil. Il abroge l'arrêté de 1855, art. 16, et il spécifie : « l'oukil ne pourra exercer son minis- « tère que près la mahakma à laquelle l'aura attaché « l'arrêté de sa nomination ».

L'art. 3 dit en outre « le consentement verbal donné « en présence du juge tient lieu à l'oukil de pouvoir « écrit de représenter la partie qui ne jugera pas à « propos de se défendre elle-même ».

Un arrêté du Gouverneur général Jonnart qualifie les oukils de défenseurs près les tribunaux musulmans. L'arrêté du 13 août 1913 a modifié les articles 2 et 3 de l'arrêté du 20 février 1895 ; il s'exprime ainsi :

2. — L'oukil n'exerce son ministère que près de sa.
« mahakma et sa justice de paix ».

3. — L'oukil est présumé par sa seule qualité, avoir
« reçu de sa partie, lorsque celle-ci ne comparaît pas,
« mandat de la représenter ».

Un arrêté du 12 février 1915 permet d'autoriser
dans des cas exceptionnels, l'oukil à occuper *en outre*,
auprès de la mahakma principale ou annexe d'une cir-
conscription voisine et de la justice de paix du canton
de cette mahakma ; l'arrêté indique que cette autorisa-
tion est temporaire et sera renouvelable.

Mais un autre arrêté du 19 août 1918 va plus loin :
il abroge l'article 2 précité et le remplace par ce nouveau texte : « l'oukil exerce de plein droit, son minis-
« tère à la barre de toutes les mahakmas et de toutes
« les justices de paix, en matière musulmane ».

Ajoutons qu'aux termes du décret de 1903, instituant
les tribunaux répressifs, les oukils peuvent plaider
pour les prévenus « lorsqu'il n'y a point d'avocat ou
« d'avoué près de ces tribunaux » art. 14 du décret du
9 août 1903.

Il résulte de ces textes que les oukils qui, au début
étaient attachés à une seule mahakma, ont peu à peu
obtenu de pouvoir plaider devant toutes les mahakmas et toutes les justices de paix (musulmanes), comme aussi devant les tribunaux répressifs, auprès des-
quels ne sont point installés d'avocats.

Cette extension du champ d'action des oukils judiciaires ne suffit pas à certains d'entre eux qui, paraît-il,
se présentent devant les juges de paix statuant au civil,
devant les tribunaux de commerce, faisant ainsi office
d'agents d'affaires.

Une circulaire du Parquet général du 3 août 1917,
dont ils se prévalent, semblait en effet leur reconnaître
le droit de se présenter devant la justice de paix en

matière civile, ou devant le tribunal de commerce, en vertu de procuration spéciale. Cette circulaire, qui ne saurait d'ailleurs ajouter au texte, reconnaît que, dans l'esprit de l'arrêté du 20 février 1895, le *cumul de l'office d'oukil avec tout autre emploi est proscrit*, et que l'oukil ne saurait être patenté comme agent d'affaires.

M. le Procureur général indiquait d'ailleurs le 18 juin 1918, dans une lettre à M. le Bâtonnier d'Alger, que s'il ne lui semblait pas possible de prohiber d'une façon absolue la présentation des oukils dans les affaires civiles avec une procuration, « il appartient aux « juges de paix de couper court, eux-mêmes, à tous « abus de cette nature, en ordonnant comme ils en ont « le droit, la comparution personnelle des parties re- « présentées par un oukil qui prendrait dans le canton « les allures d'un agent d'affaires de profession ».

Les abus qui se manifestaient alors et qui n'avaient pas paru graves au Parquet général se sont augmentés et ils ont amené M. le Procureur général à envoyer le 12 mars 1919, une circulaire aux parquets sur les attitudes de certains oukils. La circulaire rappelle que l'arrêté gouvernemental du 19 août 1918 n'abolit « pas « pour les oukils la fixation de résidence édictée par « les arrêtés antérieurs ; il les autorise simplement à « plaider hors de cette résidence dans toute l'étendue « de l'arrondissement, c'est-à-dire à se rendre ailleurs « à l'appel de clients étrangers au canton où ils rési- « dent, qui les ont déjà constitués au siège même de « leur résidence, et non pas à aller se mettre en quête « de clients hors de cette résidence ».

La circulaire porte expressément : « j'interdis donc « formellement aux oukils de se rendre aux audiences « des justices de paix et des mahakmas voisines de « celles près desquelles ils sont spécialement accrédi- « tés, sans être préalablement constitués pour une ou

« plusieurs affaires déjà inscrites au rôle des affaires
« fixées à ces audiences. Les juges de paix et les cadis
« devront vous signaler les oukils étrangers au siège
« de leur justice de paix ou de leur mahakma qui au-
« raient l'habitude de s'y rendre les jours d'audience
« sans avoir d'affaires inscrites au rôle, ou qui y au-
« raient ouvert un cabinet de consultation ».

« ....Je suis décidé à réprimer disciplinairement
« toute infraction. »

Le 10 janvier 1921 une nouvelle circulaire de M. le
Procureur général a été motivée par la situation irré-
gulière de certains oukils judiciaires. Elle rappelle que
« le cumul de la profession d'oukil avec tout autre
« profession ou emploi ne saurait être toléré. En ce qui
« concerne notamment la profession d'agent d'affaires,
« celle-ci ne saurait être exercée indirectement par
« la représentation ou l'assistance habituelle à la bar-
« re des plaideurs européens ou indigènes dans des
« causes civiles qui ne ressortissent pas à la compé-
« tences des juridictions musulmanes. Ce n'est qu'à
« titre *exceptionnel*, qu'un oukil peut être autorisé
« par le juge de paix, le tribunal de commerce, ou le
« conseil des Prud'hommes à remplir en vertu d'une
« procuration expresse le rôle de mandataire *ad litem*,
« dans une affaire ordinaire ».

La circulaire renouvelle l'interdiction absolue aux
oukils d'ouvrir un cabinet permanent en dehors du
lieu de leur résidence légale et de se présenter à la barre d'un autre tribunal que celui de leur résidence pour
des affaires qui ne sont pas déjà inscrites au rôle et
fixées pour une audience.

De ces différents textes, il ressort que les oukils peuvent plaider en matière musulmane devant toutes les
justices de paix et toutes les mahakmas, mais qu'ils
ne sauraient avoir de cabinet ailleurs qu'au lieu de
leur résidence légale et qu'ils peuvent assister les pré-

venus devant les tribunaux répressifs, là où il n'y a
pas d'avocats en résidence.

Tout ce qu'ils prétendent faire en dehors de ces li-
mites fixées par les textes est illégal. Il ne semble pas
que même à titre exceptionnel, ils puissent être autorisés à faire office d'agents d'affaires et par suite, ils ne
peuvent pas représenter les parties même en vertu
de procurations spéciales devant les justices de paix
civiles, ou les tribunaux de commerce.

C'est l'opinion de l'unanimité de la Commission.

Avant de passer au vote de la motion proposée par
la Commission, des observations sont présentées par
divers membres de l'Assemblée.

Mᵉ BLASSELLE se demande, tout d'abord, dans quelle
mesure le Gouverneur Général a le droit de réglemen-
ter l'assistance des plaideurs indigènes, par les Oukils.

Mᵉ L'ADMIRAL signale qu'au cours de son Bâtonnat,
il a eu à se préoccuper des abus commis par les Oukils
Judiciaires dont la tendance constante était de se substituer aux Avocats et d'étendre ainsi le rôle limité qui
leur est dévolu. Il a échangé à ce sujet, avec M. le
Procureur Général, une correspondance qui n'a pas
apporté de solution définitive à la question.

Le Chef du Parquet général a semblé d'ailleurs reconnaître que des abus existaient, et que l'intervention des
oukils devait être limitée, conformément aux textes qui
régissent leurs fonctions. Mais ces abus se sont perpé-
tués et il devient indispensable, dans l'intérêt des justiciables, d'y mettre un terme.

Le Congrès donne comme sanction à cette discussion
le vote, à l'unanimité, de la motion suivante :

« Considérant que les Oukils judiciaires ont été
« créés uniquement pour assister ou représenter les

« plaideurs musulmans devant les juridictions musul-
« manes ;

« Considérant que les Oukils Judiciaires tendent à
« se présenter constamment et concurremment avec
« les Avocats, devant les juridictions ordinaires, telles
« que les Justices de Paix. statuant en matière civile
« ou commerciale, devant les Tribunaux Répressifs,
« etc..., comme au cours des informations judiciaires;

« Considérant que cette extension abusive de l'in-
« tervention des Oukils Judiciaires ne saurait être
« tolérée ;

« Emet le vœu que toutes mesures utiles soient
« prises pour enrayer, par tous les moyens légaux,
« l'extension abusive que certains Oukils s'efforcent
« de donner à leur profession dans laquelle ils sont
« tenus de se cantonner ;

« Donne mission à M. le Bâtonnier de l'Ordre des
« Avocats d'Alger, et à son Conseil de l'Ordre, de
« prendre toutes dispositions utiles en vue de ramener
« l'exercice par les Oukils judiciaires de leur profes-
« sion aux conditions dans lesquelles elle avait été
« prévue et limitée. »

De l'augmentation des frais de justice

Me Lévy, au nom de la Commission nommée à la
séance de la veille, donne connaissance au Congrès du
rapport suivant :

Rapport sur l'augmentation des frais de justice

I

Le tarif applicable aux émoluments dus aux avoués
pour la rémunération de leur mandat avait principale-
ment pour base, avant la réforme de 1919, le Décret
du 16 février 1807, complété, étendu ou modifié par

diverses dispositions émanant toutes du pouvoir exé-
cutif.

Déjà, avant la guerre, une campagne menée de lon-
gue main par la corporation des avoués appuyée par
les parlementaires avait abouti à un Décret du 15 août
1903 établissant un tarif nouveau des frais et dépens
devant les Tribunaux de première instance et les Cours
d'Appel. Après une expérience très courte, ce Décret
était rapporté comme n'ayant pas donné les résultats
espérés. Mais il convenait de retenir que, dans l'arrêté
désignant la commission extra-parlementaire chargée
d'établir cet essai d'une nouvelle tarification, le Garde
des Sceaux donnait de son initiative, les raisons suivantes :

1° La diversité des émoluments et le grand nombre
de textes à appliquer pour l'établissement des états de
frais ne permettaient pas aux justiciables de se rendre
compte de l'importance des frais à engager ni de con-
trôler les états présentés.

2° Les anciens tarifs ne correspondaient plus aux
exigences de la vie moderne ni de l'idée de proportion-
nalité entre les ressources des plaideurs, l'importance
du litige et le service rendu, qui doit être la base d'une
tarification de ce genre.

3° En général, les anciens tarifs n'apportaient plus
aux avoués une rémunération suffisante, alors que
leurs charges s'accroissaient, par suite du nombre éle-
vé des affaires bénéficiant de l'assistance judiciaire.

Le tarif institué par le Décret du 29 décembre 1919
n'a donc pas été inspiré uniquement par la situation
d'après-guerre et le désir de remédier à l'augmentation
de toutes choses et à l'élévation des salaires des clercs
et des frais d'études. Ceci pour souligner la difficulté
à laquelle on se heurtera dans la lutte pour la réduction de ce tarif. Les raisons de son redressement existaient déjà avant la guerre.

II

Le projet qui a abouti au Décret du 29 décembre
1919 a été élaboré par une commission également extra-parlementaire, soumis pour avis aux compagnies
d'avoués de première instance et d'appel et à l'examen
du Conseil d'Etat qui l'a modifié dans certaines parties.

D'une façon générale, la rémunération des avoués
se calculait, dans l'ancien système, à raison des actes
de procédure accomplis. L'état des frais comprenait
indépendamment des déboursés prévus par les textes,
un ensemble de droits, émoluments, et vacations établis conformément à des tarifs qui variaient suivant
la nature de l'affaire.

Le décret de 1919 supprime ce mode de rémunération.

Il attribue à l'avoué :

1° Un droit fixe, Ce droit est dû dans toute instance
ou procédure, mais son montant est variable.

2° Un droit proportionel. Ce droit est perçu dans les
instances et procédures les plus importantes. Il est
calculé d'après la valeur du litige ou de l'intérêt en
cause.

3° Les déboursés.

III

Ce système donne lieu, dans son application, à des
perceptions d'une exagération évidente.

Il semblerait tout d'abord que l'importance du droit
fixe et du droit proportionnel qui, à eux seuls, constituent une rémunération considérable des soins que
l'avoué a pu donner à un litige, devrait emporter sup-
pression de tout autre élément de profit, que la ru-
brique « déboursés » ne devrait viser que le rembour-
sement des débours réels et justifiés.

Il n'en est rien. Le Décret prévoit des frais de papeterie et de correspondance (20 à 25 francs) qui ne constituent cependant que des frais généraux que le rendement normal d'une Etude couvre très largement.

Le droit « fixe », dont le montant est variable, représente la rétribution équitable et vraie, de l'officier ministériel. Elle est en rapport avec le taux du litige et les peines et soins qu'il en a pris. Il aurait suffi d'établir une échelle plus graduée de ce droit « fixe », de l'harmoniser avec l'importance du procès.

Mais la réforme ne se justifie plus, quand elle accorde à ces intermédiaires imposés par la loi aux justiciables, un bénéfice qui dépasse de beaucoup les nécessités actuelles : le droit proportionnel.

Les auteurs du Décret sont allés d'un extrême à l'autre. Il nous suffira de faire remarquer que, sauf exception pour les très petits litiges, la proportion entre ce que touchait un avoué avant la guerre et ce qui lui est attribué aujourd'hui est exagérée. Nous avons vu des états de frais atteignant, pour des affaires d'importance moyenne quatre et cinq fois les chiffres d'autrefois, et il n'est pas rare pour des instances d'appel, de voir ces mêmes chiffres se multiplier par des coefficients impressionnants (allant jusqu'à 10).

IV

Ce traitement spécial en faveur des avoués ne peut être justifié ni par le désir de leur assurer une rémunération en rapport avec la responsabilité pécuniaire qu'ils peuvent encourir, ni par le souci de les soulager de leurs frais de personnel.

En effet, la responsabilité des huissiers et des greffiers est, pour les actes de leur ministère, non moins entière que celle des avoués et cependant le Décret du 29 décembre 1919 qui leur alloue quelques redressements de tarifs, ne leur accorde, en réalité, que des augmentations doubles de celle de jadis ; leurs frais de personnel ont crû dans les mêmes proportions que ceux des avoués, pour les mêmes raisons, et il ne leur en est cependant tenu aucun compte. Il en est de même pour les frais de correspondance et de papeterie, registres, imprimés, etc...

V

Demandons-nous ce que représente, pour le justiciable, l'application d'un tel tarif.

Il a à supporter déjà une augmentation des droits d'enregistrement qui est, devant toutes les juridictions tant civiles que commerciales, de neuf fois, en moyenne, les droits perçus antérieurement.

Il doit payer les droits de greffe et d'huissier s'élevant à environ le double des prix d'autrefois.

Il paiera son avoué du Tribunal cinq ou six fois plus que jadis.

Si le procès va en appel, il subira une taxe de cinq à dix fois plus élevée qu'avant-guerre.

En résumé, le plaideur aura à supporter cette charge écrasante de frais pouvant atteindre *20 fois les sommes qu'il était habitué à payer avec* les anciens tarifs.

Dans aucune branche de la vie économique pareille disproportion n'a été atteinte.

Une telle situation, difficilement excusable dans la Métropole, est complètement inadmissible en Algérie.

L'Etat autorise, en France, les cessions de charges d'officiers ministériels. L'Avoué qui achète une Etude avec le contre seing de l'Etat qui perçoit à cette occasion une redevance élevée, peut légitimement attendre de celui-ci une aide efficace dans le rendement de cette Etude. L'Etat lui doit de lui assurer non seulement son existence mais encore la possibilité de rem-

bourser des dettes que le titulaire a souvent contractées
pour son acquisition.

Rien de semblable en Algérie, où l'officier ministériels reçoit un don gratuit et où il n'a besoin d'autre
capital que son diplôme.

Autre préoccupation existant pour la France : certains petits tribunaux ont peu d'affaires, il faut élever
le tarif pour compenser la rareté des litiges. En Algérie tous les tribunaux travaillent à plein rendement
et assurent à leurs auxiliaires des bénéfices largement
rémunérateurs. Enfin les frais de personnel sont sen-
siblement moins élevés en Algérie qu'en France.

Il semble que ces raisons soient assez décisives pour
que l'Etat puisse se croire autorisé à faire entre la
France et l'Algérie une différence existant d'ailleurs
à de nombreux autres points de vue, et pour qu'il di-
minue dans de notables proportions les droits exces-
sifs qui accablent injustement le plaideur algérien.

Le rapport ne donne lieu à aucune observation, tous
les membres de l'Assemblée se trouvant d'accord pour
en approuver les termes ainsi que la conclusion.

Dans ces conditions, le Congrès adopte à l'unanimité la motion suivante :

« Considérant que le principe de la réduction des
« frais de justice, tels qu'ils sont institués par la nou-
« velle réglementation, s'impose dans l'intérêt du jus-
« ticiable ;

« Charge le Bâtonnier et le Conseil de l'Ordre des
« Avocats à la Cour d'Appel d'Alger, qui a désigné
« dans son sein une Commission pour s'occuper de
« cette question, de trouver une solution portant re-
« mède à la situation créée par l'élévation exagérée
« des frais de justice.

« Donne mission à M. le Bâtonnier et au Conseil de
« d'Ordre d'Alger, de mener cette tâche jusqu'à bon-

« nc fin avec le concours que pourront lui apporter
« tous les Barreaux d'Algérie et de Tunisie. »

Délégation des Barreaux
au Bâtonnier et au Conseil de l'Ordre d'Alger

Mᵉ Tandonnet émet le vœu, comme conclusion aux
observations qu'il avait présentées à la séance de la
veille, que le Congrès se survive à lui-même, pour
faire œuvre utile, au besoin par la constitution d'une
Fédération de tous les Barreaux de l'Afrique du Nord,
sous la présidence de M. le Bâtonnier de l'Ordre des
Avocats à la Cour d'Appel d'Alger. Cet organisme
pourrait être doté d'un Secrétaire général, chargé de
la correspondance et de la préparation des futurs
Congrès.

Mᵉ de Peretti propose, à son tour, la création d'un
Conseil permanent de tous les Barreaux de l'Afrique
du Nord.

Mᵉ Boluix-Basset combat la proposition de Mᵉ Peretti dans la forme qui lui est donnée. Il estime que
si une cohésion étroite doit exister entre les divers
Ordres, chacun doit conserver son indépendance.

Mᵉ Soubiranne appuie les observations de Mᵉ Boluix-
Basset. Il appelle l'attention du Congrès sur la différence essentielle qui existe entre un Congrès se réunissant momentanément pour discuter un ordre du jour
préparé d'avance, et accomplissant ainsi une tâche
nettement déterminée, et un organisme permanent qui
tendrait à substituer son autorité à celle des Chefs des
divers Ordres. Au reste quels seraient les pouvoirs de
cet organisme permanent ? Comment fonctionnerait-
il ? Aurait-il un simple pouvoir de consultation ou un
pouvoir de décision ? Il semble certain que cette création nouvelle présenterait beaucoup plus d'inconvé-

nients que d'avantages, et risquerait de porter atteinte aux traditions qui sont la force de nos Barreaux.

M. le Président R. Rey invite MM^{es} Tandonnet et de Peretti à ne pas insister pour le vote de leurs motions, lesquelles n'ont pas fait l'objet d'une étude préalable, et donnent lieu à des objections multiples. Il remercie leurs auteurs de la confiance qu'ils veulent bien témoigner au bâtonnier de l'Ordre des Avocats à la Cour d'Appel d'Alger, et à son Conseil de l'Ordre, pour la défense de tous les intérêts corporatifs communs aux divers Barreaux d'Algérie et de Tunisie. Il assure que les membres de l'Assemblée, que les Bâtonniers des divers Barreaux trouveront toujours auprès de celui d'Alger et de son Chef, l'appui dont ils peuvent avoir besoin. En ce qui le concerne il retient, des sentiments exprimés par ses confrères de l'Intérieur, qu'il peut se considérer comme étant le porte parole de tous, chaque fois qu'il aura à intervenir auprès des Chefs de la Magistrature pour assurer le respect de nos traditions et de nos prérogatives professionnelles.

Ces paroles sont accueillies par une approbation unanime.

*_**

L'Ordre du Jour du Congrès étant épuisé, le Président, M. le Bâtonnier R. Rey résume l'impression réconfortante qui se dégage de la belle manifestation de solidarité professionnelle à laquelle tous les Bâtonniers d'Algérie et de Tunisie ont prêté leur concours. Il exprime la conviction que les travaux du Congrès porteront leurs fruits, et que les résolutions prises à l'unanimité produiront tout leur effet utile, alors que le Bâtonnier et le Conseil de l'Ordre d'Alger ont reçu mandat de l'assistance d'en poursuivre la réalisation.

Avant de se séparer, l'Assemblée générale formule le

vœu qu'une réunion du même genre soit organisée à nouveau, et dans un délai très rapproché.

*_**

Le même soir un banquet réunissait tous les congressistes à l'Hôtel de l'Oasis. Les Chefs de la Cour d'Alger, M. le Premier Président Roche, M. le Procureur Général Robe y assistaient. La plus franche cordialité y régna d'un bout à l'autre.

Des toasts y furent portés par M. le Bâtonnier R. Rey, M. le Bâtonnier Tandonnet, parlant au nom de tous ses collègues de l'Intérieur, et par M. le Premier Président Roche.

www.ingramcontent.com/pod-product-compliance
Ingram Content Group UK Ltd.
Pitfield, Milton Keynes, MK11 3LW, UK
UKHW031733170726
13836UKWH00002B/631